Les images
du Petit Bonhomme

Texte de Gilles Tibo

Illustrations de Marie-Claude Favreau

QUÉBEC AMÉRIQUE Jeunesse

329, rue de la Commune Ouest, 3ᵉ étage, Montréal (Québec) H2Y 2E1 Téléphone : (514) 499-3000

Données de catalogage avant publication (Canada)

Tibo, Gilles
   Les images du Petit Bonhomme
   (Petit Bonhomme ; 4)
   Pour enfants.
   ISBN 2-7644-0272-4
   I. Perception des images - Ouvrages pour la jeunesse. II. Titre.
BF243.T52 2003   j152.14   C2003-940734-9

Nous reconnaissons l'aide financière du gouvernement du Canada par l'entremise du Programme d'aide au développement de l'industrie de l'édition (PADIÉ) pour nos activités d'édition.

Gouvernement du Québec – Programme de crédit d'impôt pour l'édition de livres – Gestion SODEC.

Le Conseil des Arts | The Canada Council
du Canada | for the Arts

Québec ⠿

Les Éditions Québec Amérique bénéficient du programme de subvention globale du Conseil des Arts du Canada. Elles tiennent également à remercier la SODEC pour son appui financier.

Livre publié sous la direction de Gilles Tibo.

L'auteur remercie Linda Nadon, Aline Fleurant et Johanne Thibault pour leurs judicieux conseils. Un gros merci à Isabelle Lépine pour la conception graphique.

Texte : Gilles Tibo
Illustrations : Marie-Claude Favreau
Conception graphique : Isabelle Lépine
Révision linguistique : Diane Martin

Dépôt légal : 2e trimestre 2003
Bibliothèque nationale du Québec
Bibliothèque nationale du Canada
Imprimé en Slovaquie

À Roger Paré, mon ami,
un bouquet d'images…

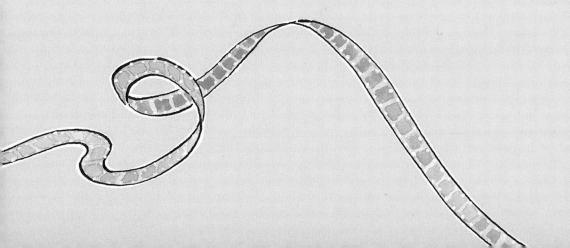

Préface

Des images, le PETIT BONHOMME en a plein la tête, et le cœur, et les mains, et le ventre... Alllouettte !

Dans sa tête, se cachent les images de tout ce qu'il a vu depuis sa naissance, même s'il les a oubliées. Il y a celles qui apparaissent la nuit dans ses rêves, ou le jour, dans ses rêveries éveillées. Par exemple, lorsqu'il regarde l'eau qui coule dans la rivière, les petits nuages blancs, ou les gros noirs qui passent dans le ciel, les feuilles qui frissonnent dans les arbres, les légers flocons de neige qui tombent.

Dans son cœur, sont enfouies les images de ceux qu'il aime... ou même de ceux qu'il n'aime pas. Quand même, on ne peut pas aimer tout le monde !

Dans ses mains, il y a les images de ceux qu'il aime caresser, et les images aussi des objets qu'il aime toucher, comme l'écorce d'un arbre, une grosse pierre rugueuse, ou un galet poli par les vagues, les soyeux pétales d'une rose.

Dans son ventre, sont dissimulées les images des bonnes saveurs de fruits, de légumes, de chocolat, et de tous ces bons mets qu'il aime tant. Mais il y aussi les images de ceux qui ont faim, ici, dans nos rues, ou ailleurs, dans tellement de pays du monde.

Les images sont en lui, PARTOUT. Celles qu'il aime, d'autres qui lui déplaisent et même celles qui l'effraient. Pourtant, il lui reste encore plein d'espaces où collectionner les millions d'images qu'il peut IMAGINER, à sa guise.

Et le petit bonhomme... c'est TOI !

Rock Demers, producteur de films

Toi, quelle est la première chose que tu vois en ouvrant les yeux le matin ?

Moi

Je m'appelle Petit Bonhomme.
Petit, c'est mon prénom.
Bonhomme, c'est mon nom.
Chaque matin, à mon réveil,
j'ouvre les yeux. En bâillant, je
regarde autour de moi. Ensuite,
j'ouvre les rideaux et je regarde
le monde qui m'entoure.

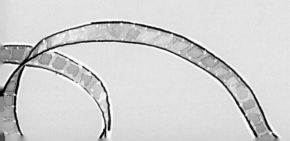

Deux sortes d'images

Je peux regarder des images qui sont fixes, comme les photographies, les illustrations, les affiches, les peintures. Ce sont des images que je peux observer lentement, à mon rythme.

Il y a aussi les images qui bougent à la télévision, au cinéma ou sur l'écran d'un ordinateur. Elles sont généralement accompagnées d'une bande sonore. J'y entends des commentaires, de la musique et, bien sûr, la voix des personnages.

Préfères-tu les images fixes ou celles qui bougent ?

8

Les images de ma vie

Beaucoup d'images racontent l'histoire de ma vie. Ce sont les photographies que je garde dans un album ou une boîte de carton. Ces images conservent le souvenir de ma naissance, de mes premiers pas, de mon premier vélo.

Je peux aussi me voir bouger et m'entendre rire sur une bande vidéo. Ça c'est drôle !

Une photographie ou une bande vidéo représente toujours un moment qui appartient au passé. Ce moment ne reviendra jamais !

9

Ceux qu'on aime

Les photographies me rappellent, aussi, la présence de ceux que j'aime : mes parents, mes amis, mon chien, mon chat… Je colle la photographie de mon meilleur ami sur le réfrigérateur. Je peux aussi cacher sa photographie sous mon oreiller ou dans ma poche.

Une photographie ne remplacera jamais la vraie présence de quelqu'un.

Je vais placer ta photographie sur mon cœur !

— Clic !

Attention !

Attention ! les photographies ne montrent qu'une fraction de seconde d'un événement. Avant de porter un jugement, il est préférable de savoir ce qui s'est passé avant et après le « clic ! ».

Grâce aux progrès technologiques, il est très facile de truquer une image. Il faut garder l'esprit critique !

Personne n'a le droit de me photographier, de me filmer ni de se servir de mon image sans mon consentement.

Mon image m'appartient. J'en fais ce que je veux !

Les couleurs

Moi aussi, je peux réaliser des images. Lorsque je peins, je peux recréer toutes les teintes que je veux en me servant des trois couleurs primaires : le rouge, le bleu et le jaune. Avec ces trois couleurs, j'obtiens toutes celles que je désire. Je peux y ajouter du noir ou du blanc.

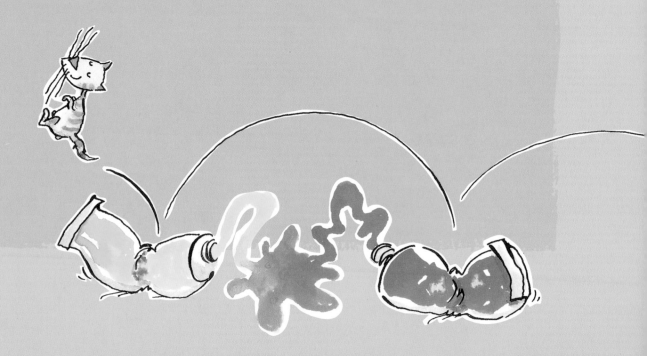

Le bleu mélangé au jaune
donne du vert !
Le rouge mélangé au jaune
donne de l'orangé !
Le rouge mélangé au bleu
donne du violet !

Mes dessins

Il existe plusieurs manières de m'amuser en dessinant. Je peux essayer de représenter ce que je vois, comme une pomme ou un paysage. Je peux tenter de copier une image déjà existante. J'ai aussi la possibilité de recréer le monde au gré de ma fantaisie et de mon imagination.

Un dessin est un terrain de jeux pour les yeux et l'esprit !

Hi... ! Hi... ! Hi... !

Les techniques

Pour créer des images, j'ai le choix de plusieurs supports : du papier, du carton, de la toile, du bois... J'ai aussi le choix d'employer plusieurs techniques : des crayons de couleur, du fusain, de la craie, du pastel, de l'encre, de la gouache, de l'aquarelle, de la peinture à l'huile, de la peinture acrylique...

Je peux dessiner, peindre, graver, faire des découpages, des collages, des grattages, faire des impressions...

L'important, c'est de s'amuser !

15

L'esprit critique

Il est important que je regarde les images créées par mes amis, et aussi que je leur montre mes images. C'est un bon moyen d'apprendre et, surtout, une excellente façon de développer mon jugement. Il ne faut pas avoir peur de la critique !

Je n'ai pas peur des critiques !

Sur les murs

Dans presque toutes les maisons, on trouve des images sur des affiches, des calendriers, des reproductions d'œuvres d'art. De plus, certains murs sont recouverts de papiers peints présentant une infinité de motifs, de textures et de couleurs.

En observant ce qui est accroché aux murs d'une maison, nous pouvons deviner la personnalité ainsi que les intérêts des occupants.

Moi, j'aime...

Les graffitis

Les images dessinées ou peintes directement sur les murs s'appellent des graffitis. Certains expriment un message, comme : VIVE LA LIBERTÉ ! ou : J'AI PERDU MON CHAT !

D'autres graffitis ne sont que des éléments décoratifs. Afin d'éviter le vandalisme, il est toujours préférable de demander la permission avant de faire un graffiti. C'est une question de respect.

Moi, j'adore les fleurs !

19

Les affiches

Quelle que soit sa taille, l'affiche annonce un produit,
un événement, ou bien elle exprime une opinion.
En publicité, on investit beaucoup d'argent pour me
convaincre d'acheter un produit. Je dois rester vigilant.
Il m'arrive souvent de désirer quelque chose seulement
parce que l'annonce publicitaire m'y a incité.

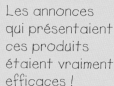

Les annonces
qui présentaient
ces produits
étaient vraiment
efficaces !

20

Les symboles

Les symboles sont des images, des signes graphiques rapidement reconnaissables et faciles à comprendre. Ils peuvent représenter le nom d'une compagnie ou d'un organisme. Ils peuvent donner des informations importantes. Ils peuvent servir à diriger la circulation routière.

Voici le symbole signifiant qu'un produit est dangereux.

Voici le signal d'un arrêt obligatoire.

Voici le logo de la Croix-Rouge.

La bande dessinée

La bande dessinée est l'art de raconter une histoire à l'aide d'une succession d'images. On appelle ces images des « cases », et les personnages parlent dans des « bulles » ou des « phylactères ».

Je lis les aventures de mes personnages préférés dans les journaux, les quotidiens, les hebdomadaires, les mensuels. Et, bien sûr, je peux lire des albums.

Les albums

Comme tu l'as sans doute constaté, il y a beaucoup d'images dans les albums destinés aux enfants. Ces livres regorgent d'illustrations de toutes sortes. Il se publie chaque année des milliers de titres pour les enfants. On appelle « illustrateurs » les gens qui font le métier d'illustrer les livres.

Pour respecter le principe du droit d'auteur, il est préférable de ne jamais photocopier les livres !

24

La caricature

La caricature est l'art de dessiner quelqu'un
en exagérant certains de ses traits ou certaines
de ses attitudes. On peut voir des caricatures
dans presque tous les journaux. On appelle
caricaturistes les gens qui pratiquent ce métier.

Il est aussi possible de faire la caricature de
quelqu'un, sur une scène ou à la télévision,
en imitant sa voix et ses gestes.

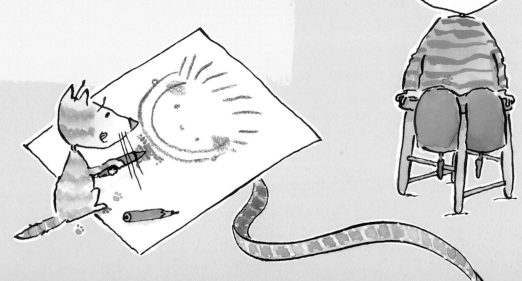

25

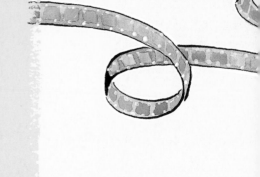

Les images sacrées

Dans toutes les sociétés, il existe des images devant lesquelles on se recueille, on prie. Ces images représentent des dieux, des prophètes, des saints. Il y a aussi des symboles sacrés.

Chaque religion possède ses propres croyances et sa propre imagerie. On peut voir ces images dans les églises, les temples, les mosquées, les lieux sacrés. On peut en voir aussi dans des livres de prières, sur des bijoux, des affiches, des peintures, des sculptures…

Peux-tu reconnaître des images reliées à des religions ?

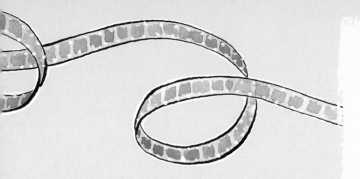

Les tatouages

Les tatouages sont des images dessinées sur la peau. Certains tatouages sont temporaires, mais la plupart sont permanents.
Ils résistent à l'usure du temps.
Ils véhiculent des messages.
Ils expriment des idées.

Les tatouages sont des artifices de séduction. C'est aussi une façon de montrer son appartenance à un groupe.

J'ai un tatouage secret sur le cœur !

La télévision

La télévision est le média préféré des images. À toute heure du jour, et à une multitude de chaînes, on peut y voir des films, des téléromans, des téléséries, des dessins animés, des vidéoclips, des documentaires, des annonces publicitaires, des bulletins de nouvelles… À chaque minute, des milliers d'images y défilent à toute vitesse.

J'aime ma télévision !

28

Les vidéoclips

Les vidéoclips présentent une grande variété d'images. Accompagnant la musique, ces images possèdent un grand pouvoir d'attraction. Elles peuvent me faire rire, pleurer, rêver. En toute occasion, je dois être capable de faire la différence entre cette avalanche d'images et ma réalité quotidienne !

J'aimerais vivre dans un vidéoclip !

Le cinéma

Il existe une très grande variété de films : des films pour enfants, des films d'aventures et des films réservés à un public adulte. Certains films sont très violents, d'autres me font rêver à un monde meilleur.

On peut regarder des films à la télévision, on peut louer une cassette vidéo, on peut voir un film sur l'écran d'un ordinateur et, bien sûr, on peut aller au cinéma… et manger du maïs soufflé !

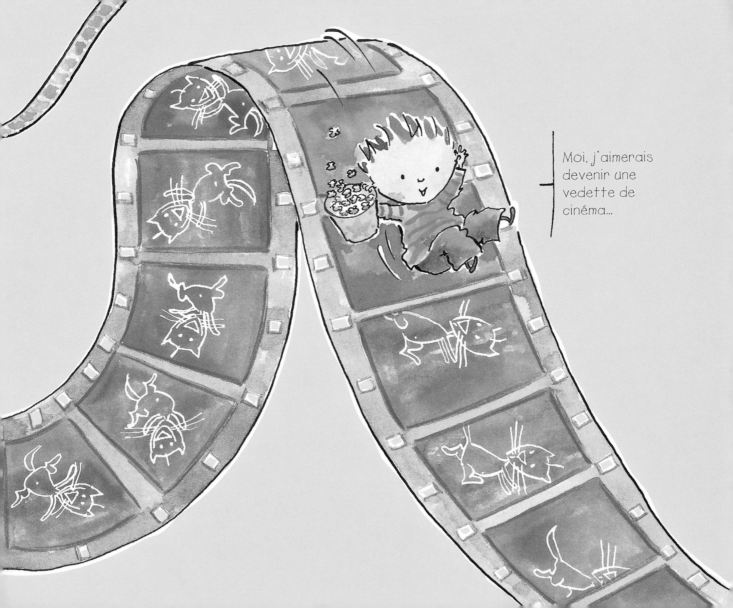

Moi, j'aimerais devenir une vedette de cinéma...

Les images mentales

Nous avons tous, dans la tête, un cinéma personnel où défilent des centaines et des centaines d'images. Il suffit de fermer les yeux. Après quelques secondes, les images commencent à s'animer.

Pour ralentir le flot des images mentales, certaines personnes écoutent de la musique très calme. D'autres font des promenades en forêt. D'autres font de la méditation.

As-tu des images dans la tête ?

Les rêves

Lorsque nous dormons, les images se promènent en liberté dans notre tête. Nous faisons des rêves ou des cauchemars. Les rêves sont agréables. Les cauchemars sont toujours angoissants. À notre réveil, nous pouvons tenter de les raconter et de les analyser.

Il paraît que les chats, les chiens et bien d'autres animaux rêvent aussi.

Moi, je vais me coucher ! Je viens d'avoir une bonne idée pour un rêve !

L'image projetée

Par mes paroles, mon attitude et mon allure vestimentaire, je projette une certaine image de moi-même. Mais l'image projetée ne correspond pas toujours à la réalité. Par exemple, certaines personnes que l'on croyait arrogantes sont, en fait, très timides.

En connaissant mieux ces personnes, on peut vérifier si l'image projetée correspond à la réalité.

J'essaie de donner une bonne image de ce que je suis !

Le miroir

On serait porté à croire que le miroir est le reflet exact de la réalité. En fait, lorsque je me regarde dans une glace, je vois mon image inversée.

Place un livre devant un miroir et essaie de lire le titre… que vois-tu ?

Je préfère les miroirs déformants ! C'est plus drôle !

Pour nous aider

Certaines personnes ont de la difficulté à voir les objets éloignés. Elles sont myopes. D'autres ne voient pas de près. Elles sont presbytes. Ces personnes doivent porter des lunettes ou des verres de contact pour améliorer leur vision.

Il existe aussi des loupes, des jumelles, des télescopes, des microscopes, qui nous permettent de découvrir ce qu'il est impossible de voir à l'œil nu.

Moi, je te vois très bien !
Et toi ?

La fragilité des yeux

Certaines personnes ont les yeux bleus, d'autres ont les yeux bruns, les yeux verts, les yeux pers. Nous devons faire très attention à nos yeux, peu importe leur couleur.

Il ne faut jamais regarder le soleil directement. Il faut éviter de lire dans la pénombre. Il faut protéger ses yeux du vent, du sable et de tout ce qui pourrait les irriter.

Je te fais des yeux doux !

Les aveugles

Certaines personnes ne voient pas. Elles sont aveugles. Elles doivent se déplacer à l'aide d'une canne, d'un chien guide ou en tenant le bras d'une personne responsable. Les aveugles doivent développer leurs autres sens : l'ouïe, l'odorat et le toucher, afin de percevoir le monde qui les entoure.

Si tu rencontres une personne aveugle, tu peux lui offrir ton aide !

Un monde sans images

Est-il possible d'imaginer un monde
sans images ? Les murs sans cadres,
sans affiches deviendraient de grands
espaces ternes ; les revues seraient
tristes à lire ; les bandes dessinées
deviendraient incompréhensibles ; les
écrans seraient vides, les livres pour
enfants, remplis de pages blanches,
ne nous feraient plus rêver...

*Et moi, je ne
serais pas là !*

Des images partout

Les images font partie intégrante de notre univers. Il y en a sur les calendriers, les casse-tête, les cartes postales, les cartes de vœux, les cartes à jouer, les cartes de collection. On les retrouve aussi sur les timbres, les pochettes de disques, les papiers d'emballage, les pièces de monnaie, l'argent, les cartes routières, les drapeaux, les vêtements, les tapis… dans les dictionnaires, les encyclopédies, dans différentes vitrines, et même sous les planches à roulettes…

Pour me reposer des images, je ferme mes yeux !

Mes images

Les images sont là pour nous faire rêver, pour nous informer et, surtout, pour égayer notre vie ! C'est à moi de les regarder, de les critiquer, de les choisir…

Je suis libre de m'identifier à un héros dessiné ou photographié. Je suis libre de rêver !

Mais il ne faut jamais oublier qu'une image n'est qu'une image. C'est une représentation ! Ce n'est jamais la réalité !

La photographie de mon chat ne ronronne jamais !

RON RON RON RON RON RON RON RON RON RON RON RON RON RON RON RON RON

Tu peux
dessiner
ici !

43

Jouer avec les images

Les images préférées
Quelles sont les images que tu aimes regarder ?
Quelles sont celles que tu n'aimes pas ?

Comparaison
Compare les images que tu vois sur les murs de ta chambre
avec les images qui se trouvent dans la chambre de tes amis.

Autoportrait
En te regardant dans un miroir ou en observant une de tes
photographies, dessine un autoportrait.

Le portrait
Essaie de dessiner le portrait de ton meilleur ami. Tu peux aussi
tenter d'en faire la caricature en exagérant certains de ses traits.

L'image-cadeau
Donne un de tes dessins en cadeau.

Une couleur
Fais un dessin en utilisant seulement du bleu, seulement du
rouge ou seulement du noir.

Changement de couleurs
Fais un dessin en changeant la couleur des choses.
Exemple : le ciel vert, l'herbe bleue...

N'oublie pas...
Avec les images,
tu peux jouer
seul ou en
groupe ! Tu
peux organiser
des joutes, des
tournois.
Amuse-toi bien !

L'histoire
Invente une histoire en regardant le dessin d'un de tes amis.

Illustrer
Illustre toi-même ton conte préféré.

Bande dessinée
Avec tes amis, invente un héros et crée une bande dessinée. Commence par faire une petite histoire en quatre cases. Après, une histoire complète en une page. Ensuite, laisse libre cours à ton imagination.

Le dessin à plusieurs
Commence à dessiner sur un grand tableau. Après vingt secondes, un autre dessinateur prendra la relève. Et ainsi de suite à toutes les vingt secondes. Tu peux employer la même méthode avec trois, quatre ou dix dessinateurs différents. C'est un jeu rigolo !

Les yeux bandés
Sans tricher, bande tes yeux avec un foulard et exécute un dessin.

L'affiche
Dessine une affiche qui vante les caractéristiques d'un produit qui n'existe pas, un produit que tu as inventé.

Logo
Invente un logo pour toi-même, pour ta classe, ton école, ta ville…

Le contour
Sur une feuille, trace le contour de ton pied avec la pointe d'un crayon. Sur une grande feuille ou dans le sable, trace le contour de ton corps.

Les vieilles photographies
En regardant de vieilles photographies, demande à tes parents de te raconter l'histoire de ta famille, de ton village, de ta ville ou de ton pays.

Au hasard
Ouvre un journal imprimé, choisis une photographie au hasard et invente une histoire.

Les collages
Découpe des bouts d'images dans une revue et confectionne un drôle de personnage, un animal comique, un paysage fantastique.

Moi, le héros
Juste pour rire, colle la photographie de ta figure par-dessus celle de ton héros préféré.

La télévision

Lorsque tu regardes la télévision, baisse complètement le son et essaie d'inventer l'histoire à l'aide des images que tu vois. Une autre fois, tu peux fermer les yeux et imaginer les images à l'aide des sons que tu entends.

Le commentateur

Lorsque tu regardes une compétition sportive à la télévision, baisse le son et deviens toi-même le commentateur.

À reculons

Lorsque tu as terminé l'écoute d'une cassette vidéo, fais défiler le film à reculons et essaie de te souvenir des scènes qui précèdent.

La suite

Lorsque tu écoutes une cassette vidéo pour la première fois, arrête fréquemment le déroulement du film et essaie de deviner ou d'inventer la suite.

Les photographies

Si tu peux emprunter un appareil photo, amuse-toi à photographier ce qui t'entoure ou les gens que tu aimes.

Mon film

Si tu peux emprunter une caméra vidéo, essaie de réaliser ton propre film. Il est préférable d'écrire un petit scénario avant de commencer à tourner.

Les images mentales

Ferme les yeux pendant quelques minutes et prends conscience des images qui courent en liberté dans ta tête. Ensuite, tu peux les noter ou tu peux les comparer avec celles de tes amis.

Les rêves

Le matin, essaie de te souvenir des images que tu as vues dans tes rêves, dans tes cauchemars. Tu peux même les noter dans un calepin.

L'image projetée

En te déguisant ou en changeant d'attitude, essaie de donner une image de toi qui est différente de la réalité.
Exemple : joue au timide, au frondeur…

47

Je te souhaite
une vie remplie de
belles images...
dans la tête et
dans le cœur !